Winds Score
Spielen Musik.

FULL SCORE

【参考音源CD付】 CBT-0018
吹奏楽譜＜合唱と吹奏楽＞

合唱と吹奏楽

～合唱と小編成吹奏楽のための～ 今を生きる

〔混声3部合唱＋吹奏楽〕

作詞：神 詩音　作曲：八木澤教司

楽器編成表

Flute 1
Flute 2
**Oboe*
**Bassoon*
B♭ Clarinet 1
B♭ Clarinet 2
Bass Clarinet
Alto Saxophone
Tenor Saxophone
**Baritone Saxophone*

B♭ Trumpet 1
B♭ Trumpet 2
F Horns 1&2
Trombone 1
Trombone 2
Euphonium
Tuba
**String Bass*

Timpani
Suspended Cymbal
Bass Drum
Glockenspiel

Chorus Score×6
… Soprano, Alto, Male
Piano

Full Score

*イタリック表記の楽譜はオプション

合唱と吹奏楽

～合唱と小編成吹奏楽のための～ 今を生きる

■曲目解説

合唱指導者として活躍する神詩音がつくった詩に、吹奏楽曲や合唱曲『あすという日が』でおなじみの作曲家、八木澤教司が曲をつけた合唱曲。詩には「今を大切に生きることが夢や希望につながっていく」というメッセージが込められており、力強いエネルギーを感じる楽曲です。そんな前向きで輝きあふれる楽曲を、色彩感豊かな吹奏楽伴奏によるアレンジでお届けします。作品を通して、「今を生きる」ことの素晴らしさを感じていただきたい一曲です。

■作詞者からのコメント

『今を生きる』を作詞した神詩音(じんしおん)(本名 渡瀬昌治(まさはる))です。作曲してくださった八木澤教司さんは、私が作詞活動を始めるきっかけを作ってくださった恩人です。

『今を生きる』の詩は、「人は何かに向かって一生懸命になっているとき、その瞳は輝く。そのまなざしは、希望と夢を描いている。人には輝くチャンスが必ずやってくる。その時を逃さず今を生きてほしいという願いが込められている。そのためにも、今を大切に生きることが夢や希望につながっていく」と訴えています。今回はピアノ伴奏だけではなく、吹奏楽版にも編曲され歌われていくことをうれしく思っています。

(by 神 詩音)

〈 作詞者プロフィール / 神 詩音　Jin, Shion 〉

神詩音は合唱指導者である渡瀬昌治のペンネーム。宮崎県生まれ。国立音楽大学卒業、調布市立神代中学校では合唱団を設立し、NHK全国学校音楽コンクールでの全国コンクール最優秀賞、TBSこども音楽コンクールでの文部科学大臣奨励賞など多くの賞に導いた。

現在、合唱セミナー実行委員会代表、全日本合唱教育研究会副会長、WATASEコーラスグループ主催・指揮者、神代女声コーラス指揮者を務めると共に、全国各地の合唱指導を行っている。また、「授業合唱の実践心を育てる合唱指導 ～アイデアとアドバイス～」、「今こそ『合唱教育』を見直そう！ 合唱で導く音楽授業」、クラス合唱曲集「MY SONG 6訂版」など、多くの指導書の執筆、曲集の監修をし現場への貢献をしている。

■作曲者からのコメント

神詩音さんによる勇気の込められた詩に出会い、何度も読み返しているうちに音楽が天から舞い降りてきました。悩んで悩んで作曲することも多いですが、この曲に関しては“こんなメロディーを付けて欲しい”と詩からエネルギーのようなものを感じながら作曲できたのです。ですから、合唱は詩に込められたメッセージを考え、気持ちを一つにして歌って欲しいです。また、吹奏楽は色彩感豊かに合唱を引き立てるように奏でてください。この作品を通して「今を生きる」ことの素晴らしさを改めて感じていただけましたら幸いです。ぜひ全校での大合唱と吹奏楽のコラボレーションに挑戦してくださいね！

(by 八木澤教司)

〈 作曲者プロフィール / 八木澤教司　Satoshi Yagisawa 〉

武蔵野音楽大学卒業、同大学大学院修士課程修了。吹奏楽曲の代表作は日本のみならずアメリカ、ヨーロッパ、アジア諸国、南米でも幅広く親しまれ、各国の教育機関から招聘され客演指揮、講習会などを行っている。国内においては国民体育大会、全国植樹祭、全国高等学校総合体育大会の式典音楽を担当する他、各種コンクールの審査、講演、音楽雑誌での執筆など幅広い活動を展開している。一方、合唱曲として手がけた『あすという日が』は“希望の歌”“東日本大震災復興シンボル曲”と称され、2011年第62回NHK紅白歌合戦において夏川りみ、秋川雅史の両氏によって熱唱された。第21回日本管打・吹奏楽アカデミー賞［作・編曲部門］(2011年)受賞、平成23年度JBA下谷奨励賞を受賞。現在、尚美ミュージックカレッジ専門学校講師。

Winds Score
Spielen Musik.

～合唱と小編成吹奏楽のための～

今を生きる

神　詩音　作詞
八木澤教司　作曲

A
Fl.1
Fl.2
*Ob.
*Bsn.
Cl.1
Cl.2
B.Cl.
A.Sax.
T.Sax.
*B.Sax.
Sop.,
Alt.
Male
Trp.1
Trp.2
Hrn.1,2
Trb.1
Trb.2
Euph.
Tub.
*St.B.
Timp.
S.Cymb.
B.D.
Glock.
*Pf.
Opt. Chorus
unis.
き み の ひと みは か が や い てるー な に か を みつ めて か が や い てるー
き み の ひと みは か が や い てるー ま ぶ し い くら いに か が や い てるー
Straight mute
a2

14
B
Fl.1
Fl.2
*Ob.
*Bsn.
Cl.1
Cl.2
B.Cl.
A.Sax.
T.Sax.
*B.Sax.
Sop., Alt.
つ よ い こ こ ろ お れ な い こ こ ろ わ た し も かがやきたい き み は ーわたしの あ こ がれー
つ よ い き も ち ま け な い こ こ ろ わ た し も かがやきたい き み は ーわたしの き ぼ ーうー
い
Male
おーおき な ゆめー わ た し も かがやきたい き み は ーわたしの あ こ がれー ー
かがや く ひ とみー わ た し も かがやきたい き み は ーわたしの き ぼ ーうー ー
い
B
Trp.1
Trp.2
Hrn.1,2
a2
Trb.1
Trb.2
Euph.
Tub.
*St.B.
B
Timp.
S.Cymb.
B.D.
Glock.
*Pf.

※( )はD.S.後
C
D
(allargando) to
Fl.1
Fl.2
*Ob.
*Bsn.
Cl.1
Cl.2
B.Cl.
A.Sax.
T.Sax.
*B.Sax.
Sop., Alt.
Male
まかがやくチャンスーいまゆめをーもとめー
まかがやくチャンスーチャンスーいまゆめをーもとめーーひとはじくがあればぶれないーそのこころはわたしをつよくするかが
まかがやくチャンスーチャンスーいまゆめをもとめひとはじくがあればぶれないーそのこころはわたしをつよくするかが
Trp.1
Trp.2
Open
Hrn.1,2
Trb.1
Trb.2
Euph.
Tub.
*St.B.
Timp.
S.Cymb.
B.D.
Glock.
*Pf.

28
E
1.
2.
Coda
F a tempo
Fl.1
Fl.2
*Ob.
*Bsn.
Cl.1
Cl.2
B.Cl.
A.Sax.
T.Sax.
*B.Sax.
D.S.
Sop., Alt.
やくためにいまを いきる ゆめを もとめいまを いきる いきるい
やくためにいまを いきる ゆめ
Male
やくためにいまを いきる ゆめを もとめいまを いきる いきるい
やくためにいまを いきる ゆめ
Trp.1
Trp.2
Hrn.1,2
Trb.1
Trb.2
Euph.
Tub.
*St.B.
D.S.
Timp.
S.Cymb.
B.D.
Glock.
*Pf.
D.S.

35
G
ritardando
Fl.1
Fl.2
*Ob.
*Bsn.
Cl.1
Cl.2
B.Cl.
A.Sax.
T.Sax.
*B.Sax.
Sop.,
Alt.
を も と め い ま を い き る
Male
を も と め い ま を い き る
Trp.1
Trp.2
Hrn.1,2
a2
Trb.1
Trb.2
Euph.
Tub.
*St.B.
pizz.
arco
Timp.
S.Cymb.
B.D.
Glock.
*Pf.
8va

ご注文について

ウィンズスコアの商品は全国の楽器店、ならびに書店にてお求めになれますが、店頭でのご購入が困難な場合、当社PC&モバイルサイト・FAX・電話からのご注文で、直接ご購入が可能です。

◎当社PCサイトでのご注文方法

http://www.winds-score.com

上記のURLへアクセスし、WEBショップにてご注文ください。

◎FAXでのご注文方法

FAX.03-6809-0594

24時間、ご注文を承ります。当社サイトよりFAXご注文用紙をダウンロードし、
印刷、ご記入の上ご送信ください。

◎お電話でのご注文方法

TEL.0120-713-771

営業時間内に電話いただければ、電話にてご注文を承ります。

◎モバイルサイトでのご注文方法

右のQRコードを読み取ってアクセスいただくか、
URLを直接ご入力ください。

～合唱と小編成吹奏楽のための～

今を生きる

神　詩音　作詞
八木澤教司　作曲

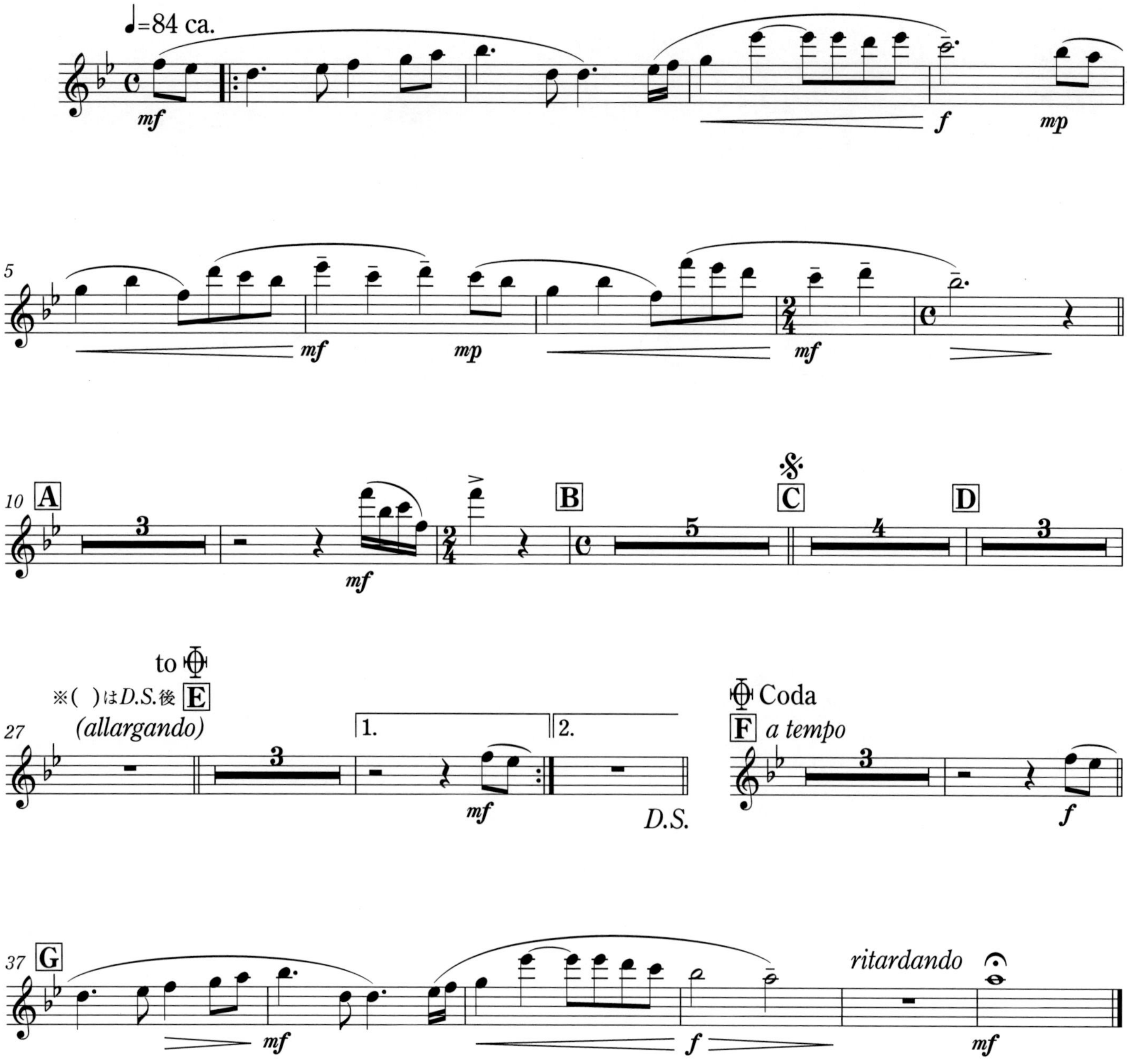

～合唱と小編成吹奏楽のための～

今を生きる

神　詩音 作詞
八木澤教司 作曲

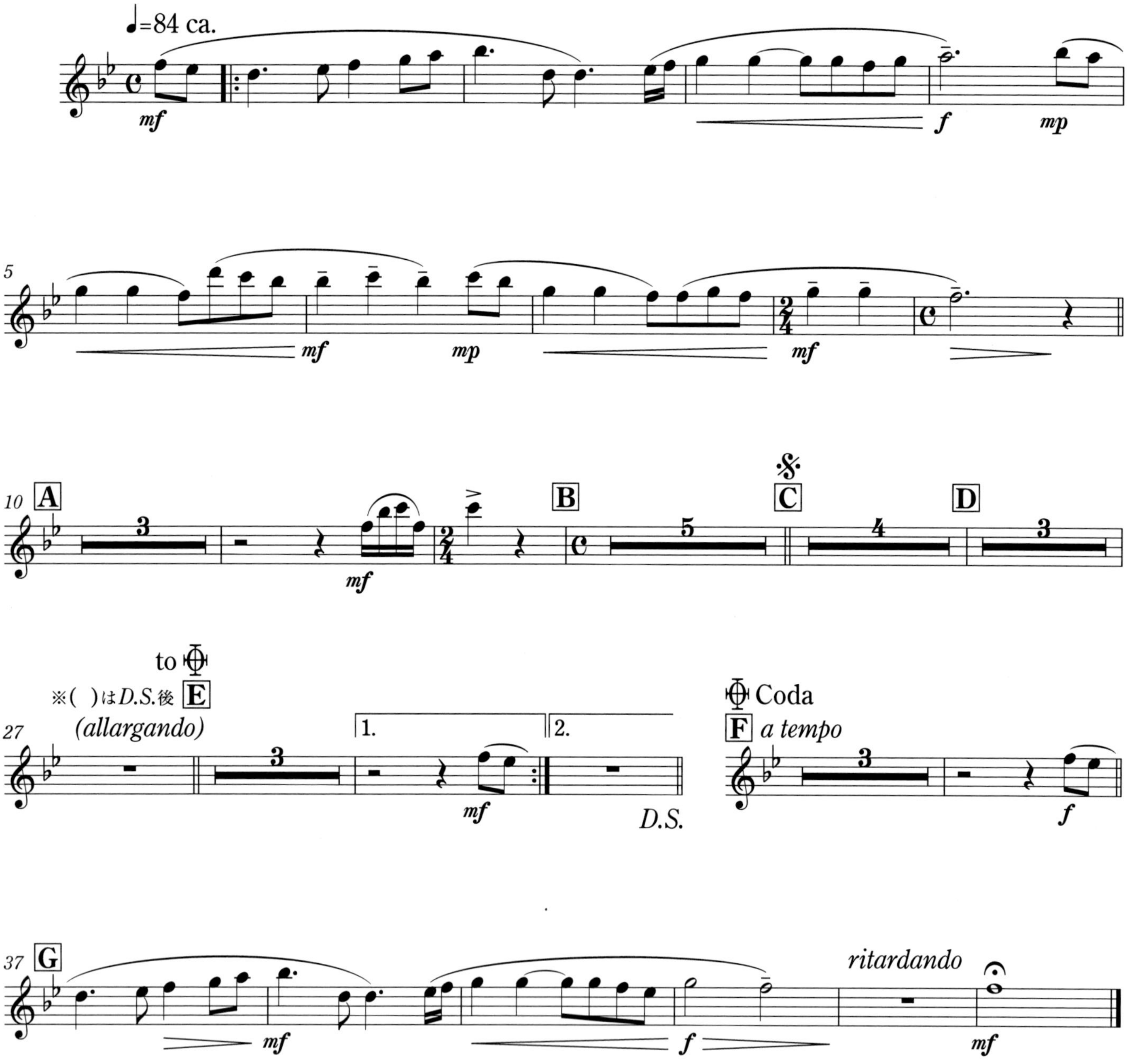

～合唱と小編成吹奏楽のための～
今を生きる

神　詩音　作詞
八木澤教司　作曲

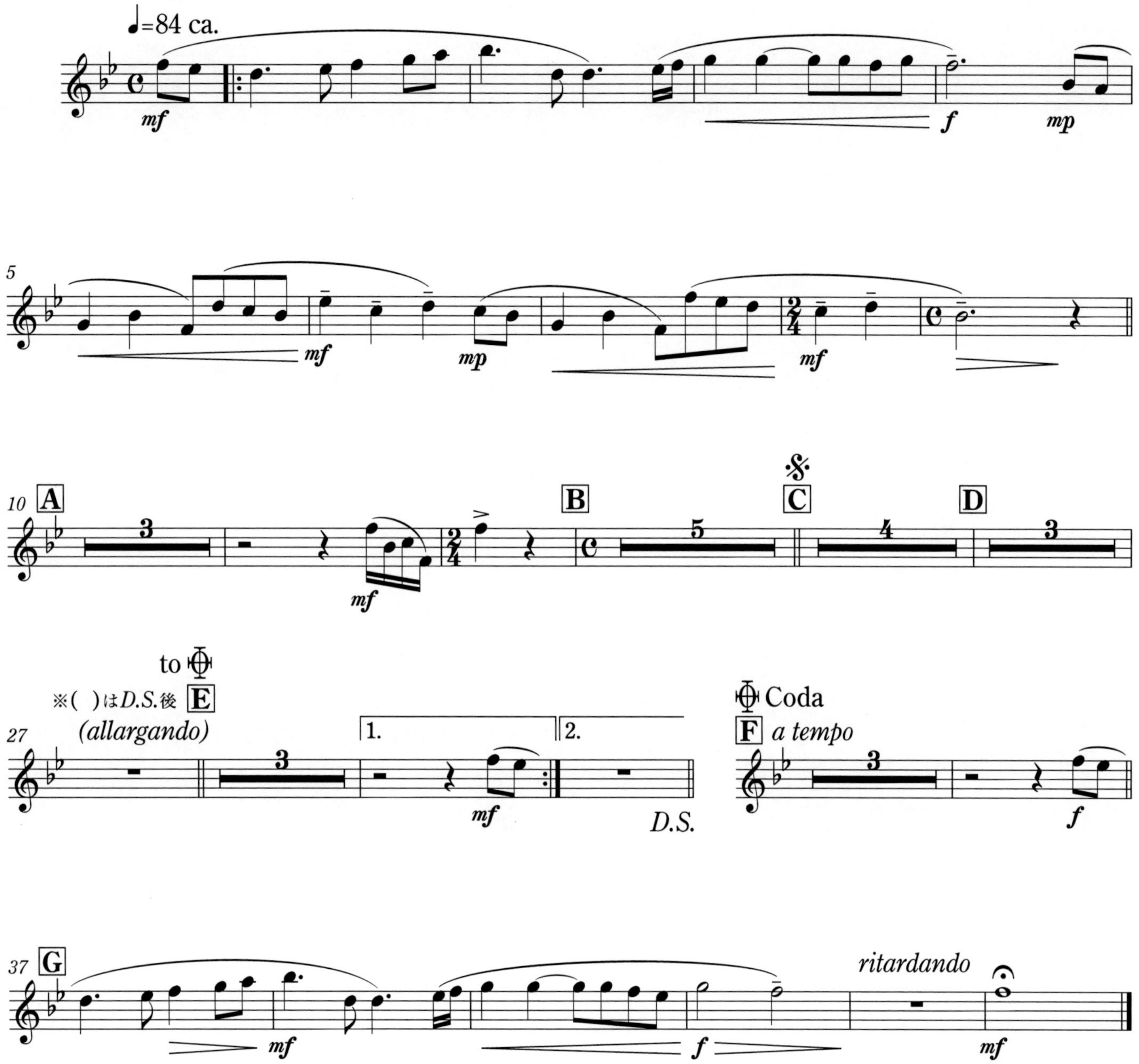

Bassoon

～合唱と小編成吹奏楽のための～

今を生きる

神　詩音　作詞
八木澤教司　作曲

WindsScore
Spielen Musik.

～合唱と小編成吹奏楽のための～

今を生きる

神　詩音 作詞
八木澤教司 作曲

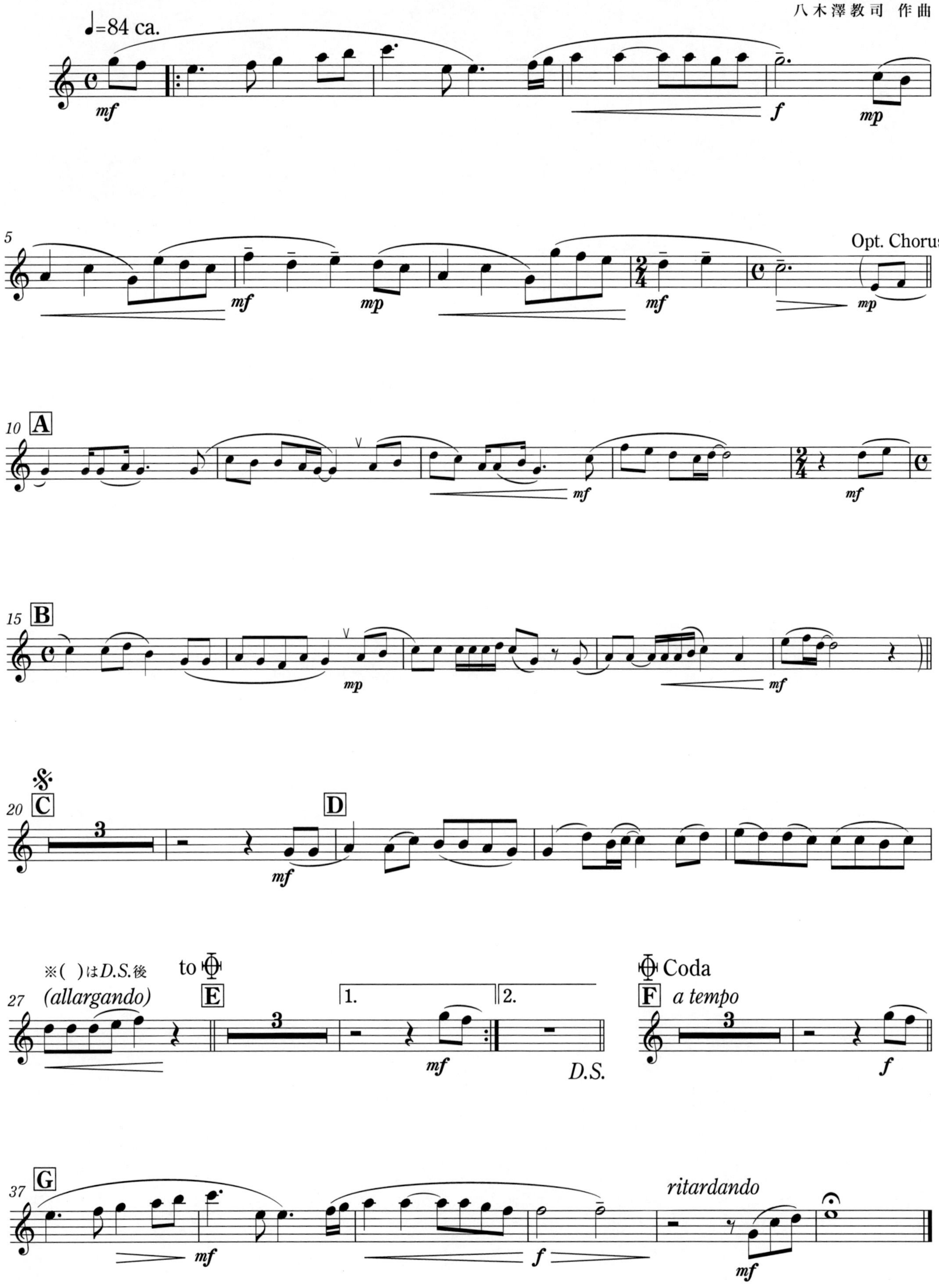

B♭ Clarinet 2

WindsScore
Spielen Musik.

～合唱と小編成吹奏楽のための～

今を生きる

神　詩音　作詞
八木澤教司　作曲

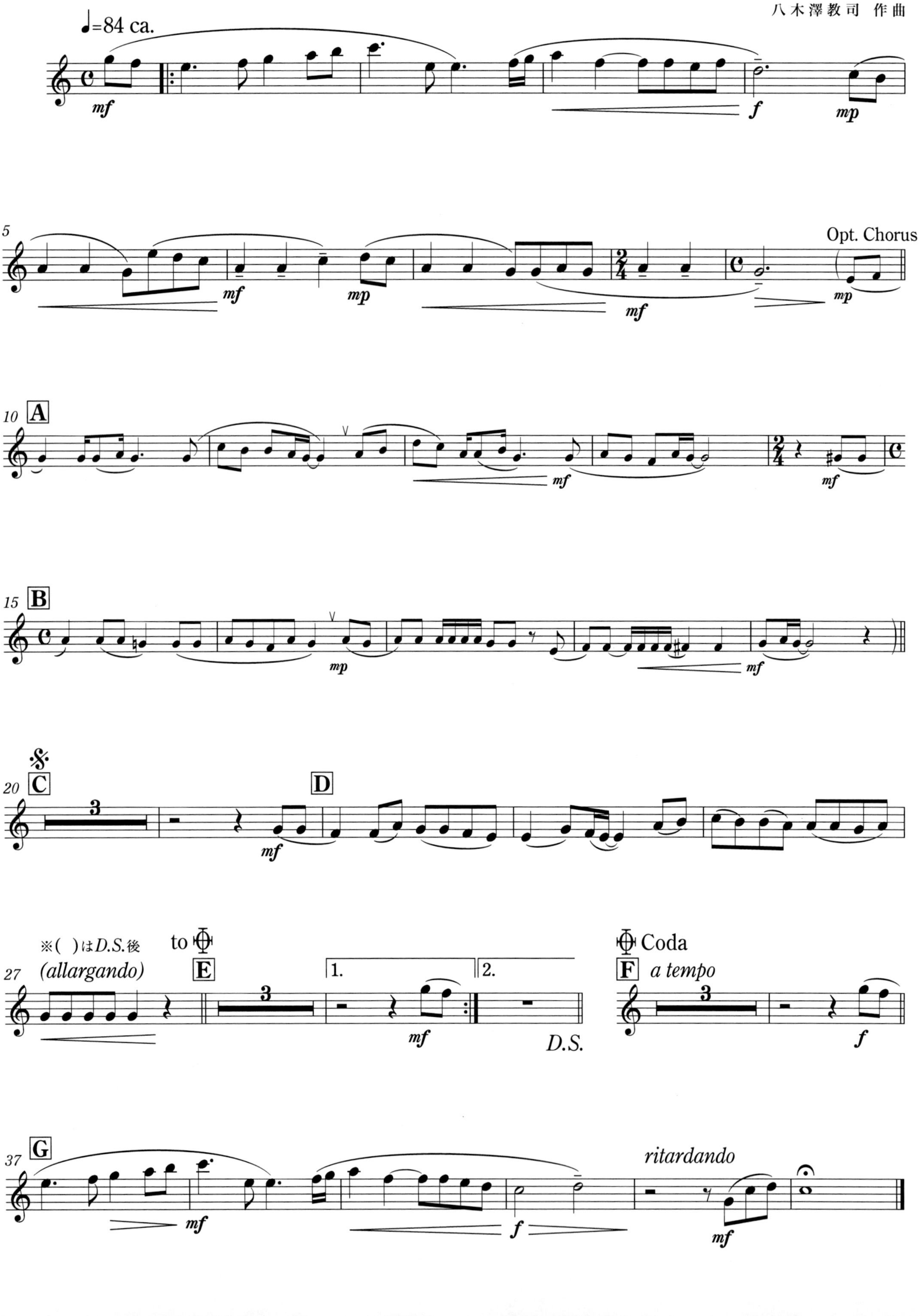

WindsScore
Spielen Musik.

〜合唱と小編成吹奏楽のための〜

今を生きる

神　詩音 作詞
八木澤教司 作曲

Alto Saxophone

～合唱と小編成吹奏楽のための～

今を生きる

神　詩音　作詞

八木澤教司　作曲

～合唱と小編成吹奏楽のための～

今を生きる

神　詩音 作詞
八木澤教司 作曲

Baritone Saxophone

WindsScore

～合唱と小編成吹奏楽のための～

今を生きる

神　詩音　作詞

八木澤教司　作曲

WindsScore
Spielen Musik.

～合唱と小編成吹奏楽のための～

今を生きる

神　詩音　作詞
八木澤教司　作曲

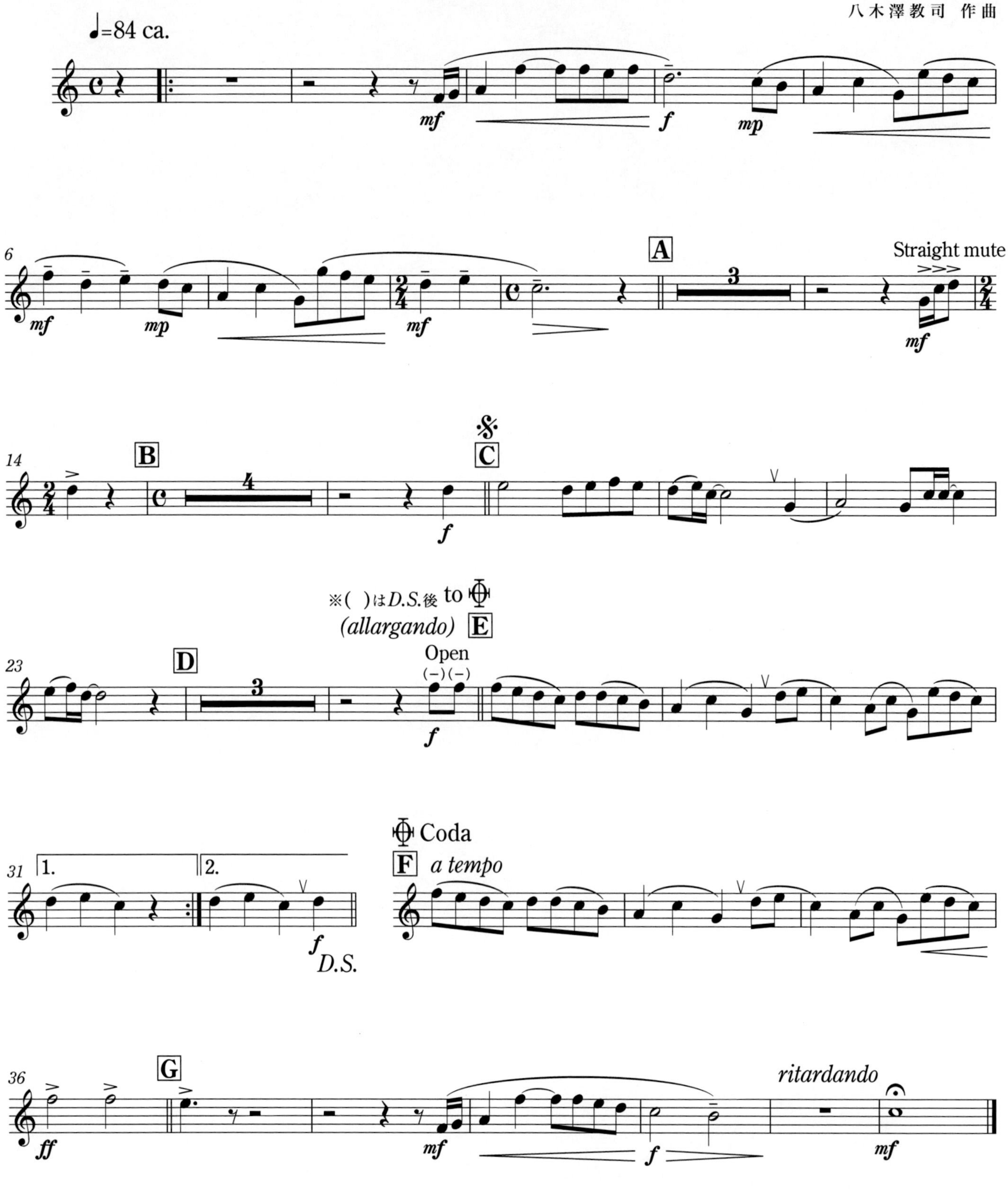

B♭ Trumpet 2

～合唱と小編成吹奏楽のための～
今を生きる

神　詩音　作詞
八木澤教司　作曲

WindsScore
Spielen Musik.

～合唱と小編成吹奏楽のための～

今を生きる

神　詩音 作詞
八木澤教司 作曲

Trombone 1

～合唱と小編成吹奏楽のための～
今を生きる

神　詩音 作詞
八木澤教司 作曲

～合唱と小編成吹奏楽のための～

今を生きる

神　詩音 作詞
八木澤教司 作曲

Euphonium

WindsScore
Spielen Musik.

～合唱と小編成吹奏楽のための～

今を生きる

神　詩音　作詞
八木澤教司　作曲

～合唱と小編成吹奏楽のための～

今を生きる

神　詩音　作詞
八木澤教司　作曲

String Bass

〜合唱と小編成吹奏楽のための〜

今を生きる

神　詩音 作詞
八木澤教司 作曲

Timpani

WindsScore
Spielen Musik.

～合唱と小編成吹奏楽のための～

今を生きる

神　詩音　作詞
八木澤教司　作曲

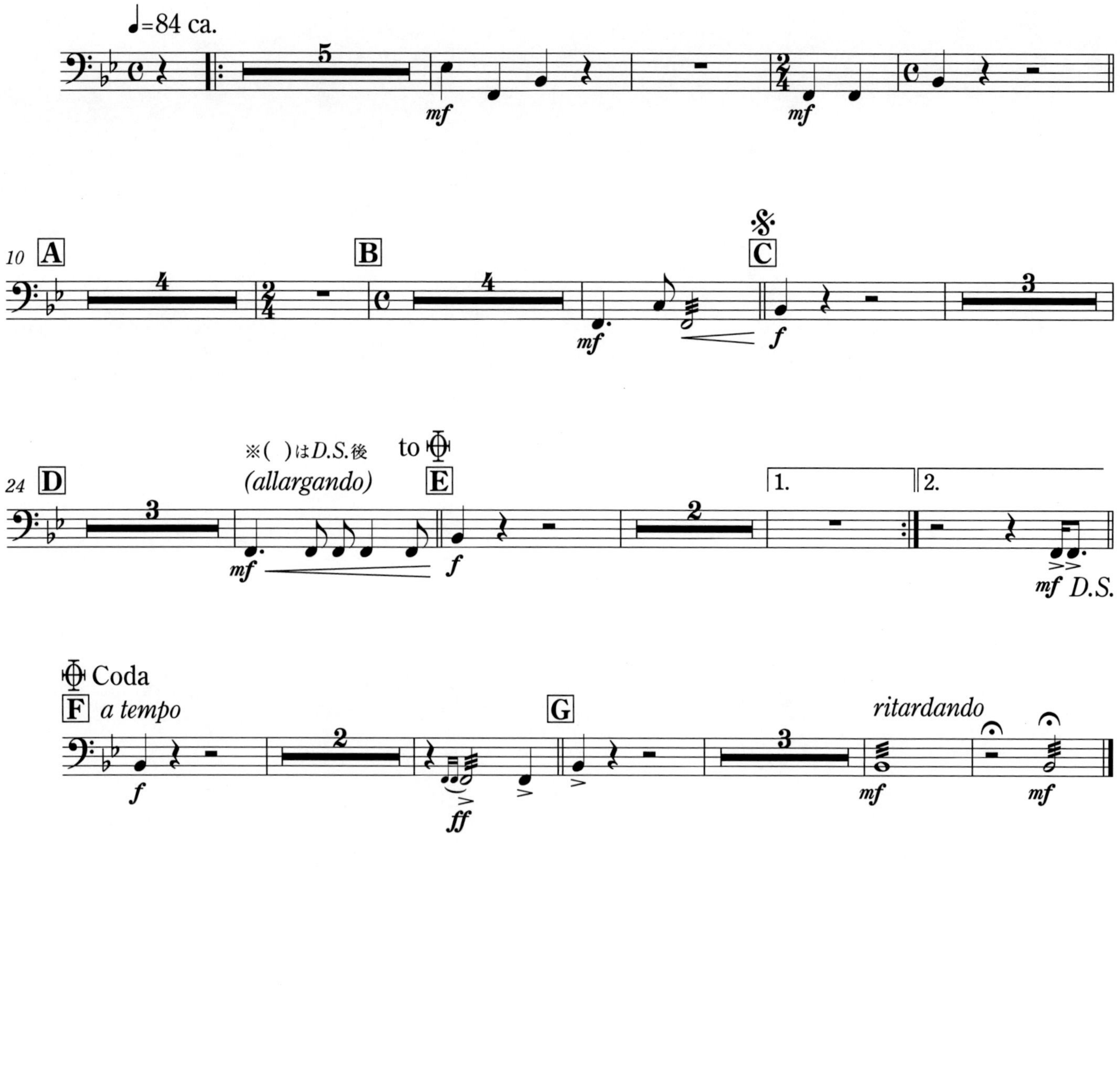

～合唱と小編成吹奏楽のための～

今を生きる

神　詩音　作詞
八木澤教司　作曲

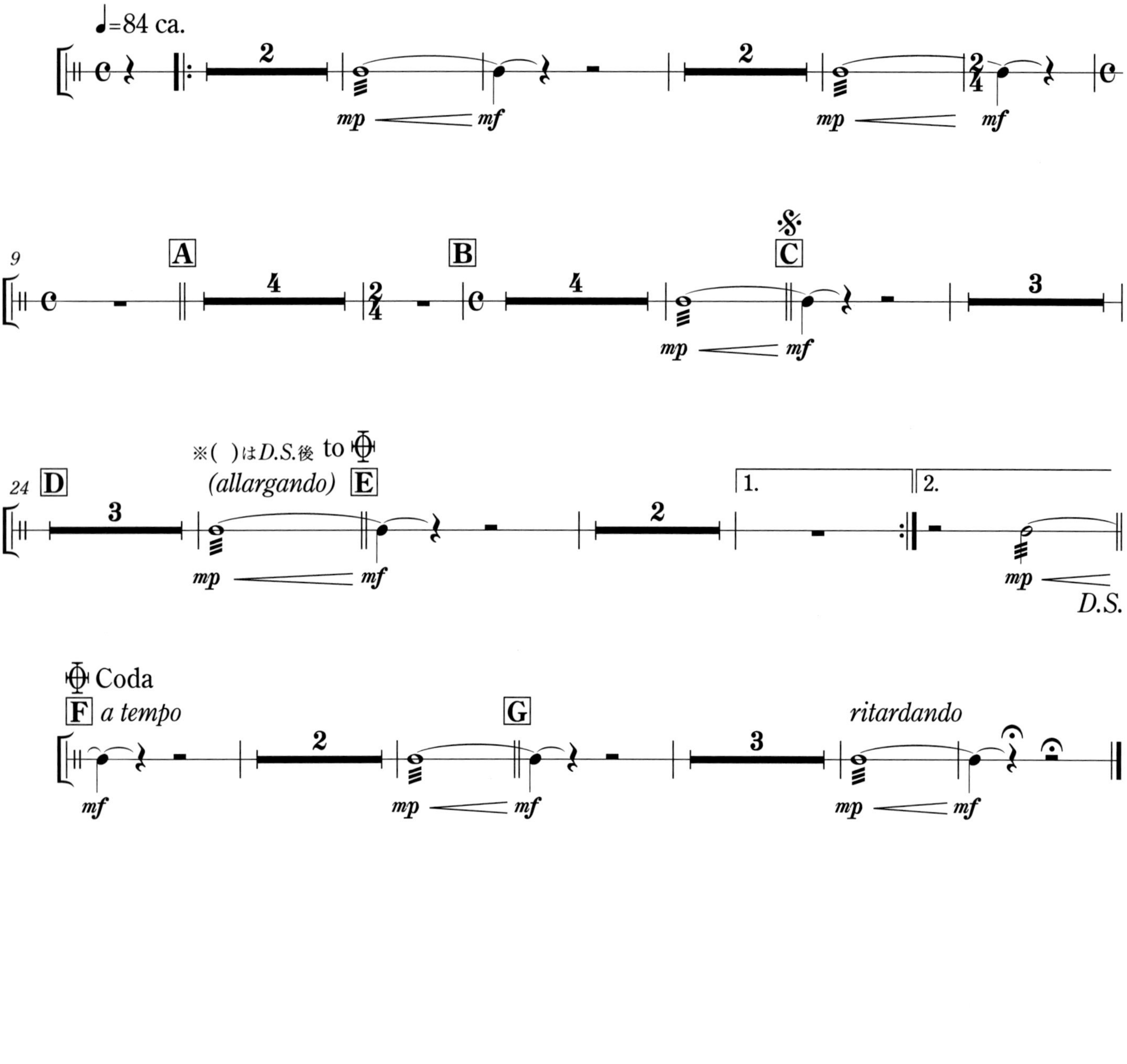

WindsScore
Spielen Musik.

～合唱と小編成吹奏楽のための～

今を生きる

神　詩音 作詞
八木澤教司 作曲

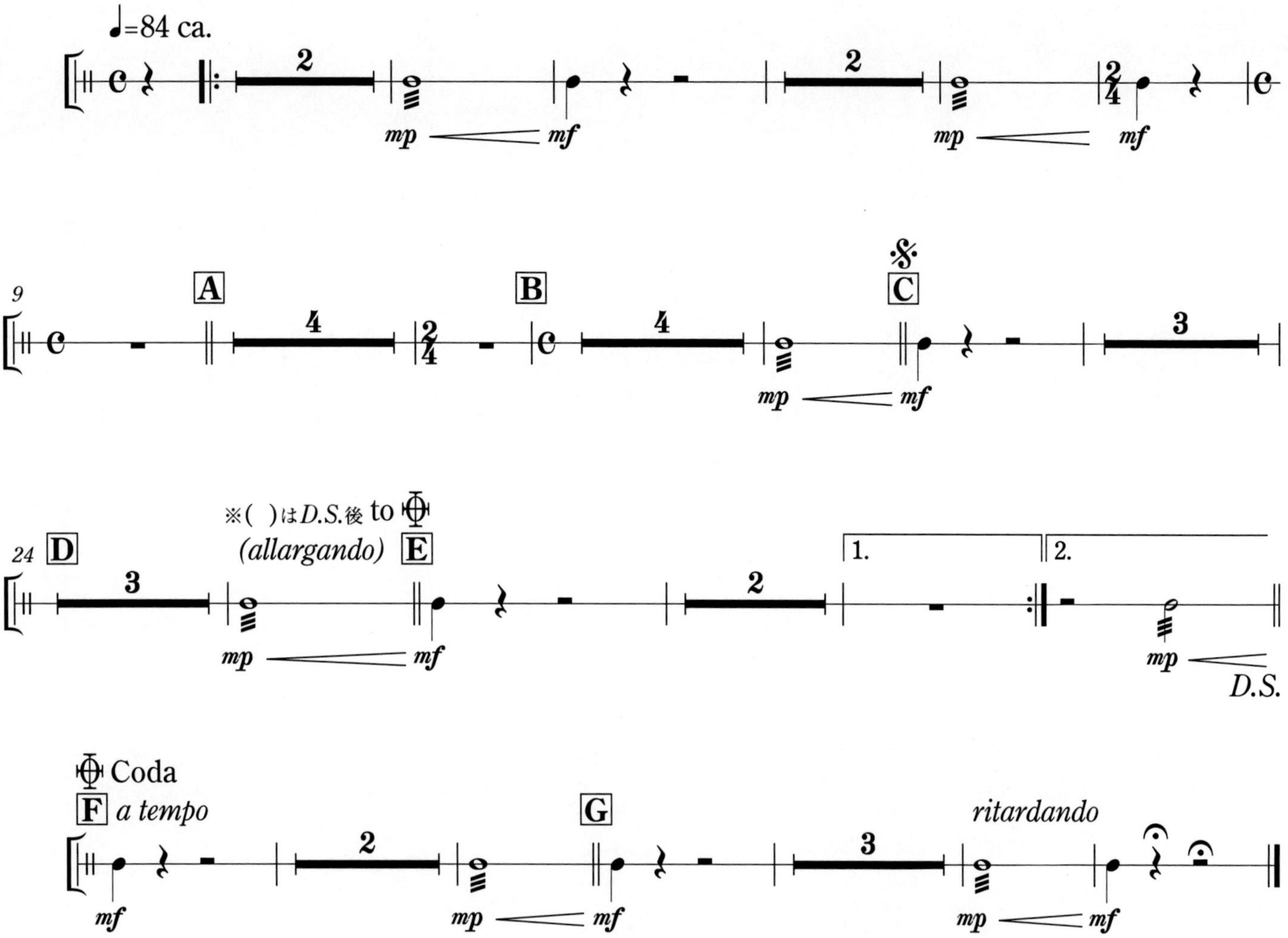

Glockenspiel

～合唱と小編成吹奏楽のための～

今を生きる

神　詩音　作詞
八木澤教司　作曲

合唱と吹奏楽

～合唱と小編成吹奏楽のための～ 今を生きる

作詞：神 詩音　作曲：八木澤教司

君の瞳《ひとみ》は輝《かがや》いてる
何かを見つめて輝いてる
強い心
おおきな夢
折れない心
わたしも輝きたい
君は私のあこがれ

いま輝くチャンス
いま夢をもとめ
人は軸《じく》があればぶれない
その心は私を強くする

輝くために今を生きる
夢をもとめ今を生きる

君の瞳は輝いてる
まぶしいくらいに輝いてる
強い気持ち
輝く瞳
負けない心
わたしも輝きたい
君は私の希望

いま輝くチャンス
いま夢をもとめ
人は軸があればぶれない
その心は私を強くする

輝くために今を生きる
夢をもとめ今を生きる

5
mp
unis.
き み
き み
mp
き み
き み
mf
mp
mf
10
A
の ひと みは か が や い てるー な に か を みつ めて か が や い てるー
の ひと みは か が や い てるー ま ぶ し い くら いに か が や い てるー
mf
の ひと みは か が や い てるー な に か を みつ めて か が や い てるー
の ひと みは か が や い てるー ま ぶ し い くら いに か が や い てるー
A
mp
mf
14
mf
B
mp
つ よ い こ こ ろ お れ な い こ こ ろ わ た し も かがやきた い き
つ よ い き も ち ま け な い こ こ ろ わ た し も かがやきた い き
mf
mp
おーお き な ゆめー わ た し も かがやきた い き
かがや く ひ とみー わ た し も かがやきた い き
B
mp

18
mf
f
い ま か が や く チャンスー い
C
み は ーわたしの あ こ がれー
み は ーわたしの き ぼ ーうー
い ま か が や く チャンスー チャンスー
mf
f
み は ーわたしの あ こ がれー ー
み は ーわたしの き ぼ ーうー ー
い ま か が や く チャンスー チャンスー
C
mf
f
22
ま ゆ めをー も とめー
mf
D
い ま ゆ めをー も とめー ー ひ と は じ く が あ れ ば ぶ れ ないー そ の
mf
い ま ゆ め を も と め ひ と は じ く が あ れ ば ぶ れ ないー そ の
D
mf
26
※( )はD.S.後
(allargando)
to
f
E
(−) (−)
こ こ ろ は わ た し を つ よ く す る か が や く た め に い ま を い き る ゆ め
f
(−) (−)
こ こ ろ は わ た し を つ よ く す る か が や く た め に い ま を い き る ゆ め
※( )はD.S.後
(allargando)
to
E
f

30
1.
2.
Coda
F a tempo
をもとめいまをいきる いきるい
やくためにいまを
をもとめいまをいきる いきるい
D.S.
やくためにいまを
mf
f
D.S.
34
ff
G
いきるゆめをもとめいまをいきる
いきるゆめをもとめいまをいきる
38
ritardando
mf
f
8va

合唱と吹奏楽

～合唱と小編成吹奏楽のための～ 今を生きる

作詞：神 詩音　作曲：八木澤教司

君の瞳《ひとみ》は輝《かがや》いてる
何かを見つめて輝いてる
強い心
おおきな夢
折れない心
わたしも輝きたい
君は私のあこがれ

いま輝くチャンス
いま夢をもとめ
人は軸《じく》があればぶれない
その心は私を強くする

輝くために今を生きる
夢をもとめ今を生きる

君の瞳は輝いてる
まぶしいくらいに輝いてる
強い気持ち
輝く瞳
負けない心
わたしも輝きたい
君は私の希望

いま輝くチャンス
いま夢をもとめ
人は軸があればぶれない
その心は私を強くする

輝くために今を生きる
夢をもとめ今を生きる

5
mp
unis.
き み
き み
mp
き み
き み
mf
mp
mf
10
A
mf
の ひと みは か が や い てるー な に か を みつ めて か が や い てるー
の ひと みは か が や い てるー ま ぶ し い くら いに か が や い てるー
mf
の ひと みは か が や い てるー な に か を みつ めて か が や い てるー
の ひと みは か が や い てるー ま ぶ し い くら いに か が や い てるー
A
mp
mf
14
mf
B
mp
つ よ い こ こ ろ お れ な い こ こ ろ わ た し も かがやきた い き
つ よ い き も ち ま け な い こ こ ろ わ た し も かがやきた い き
mf
mp
おーお き な ゆめー わ た し も かがやきた い き
かがや く ひ とみー わ た し も かがやきた い き
B
mp

18
mf
f
C
い ま かがやく チャンスー い
みはーわたしの あ こがれー
みはーわたしの き ぼーうー
い ま かがやく チャンスー チャンスー
みはーわたしの あ こがれー ー
みはーわたしの き ぼーうー ー
い ま かがやく チャンスー チャンスー
22
ま ゆめをー もとめー
D
いま ゆめをー もとめー ー ひと は じくがあればぶ れ ないー その
いま ゆ めを も とめ ひと は じくがあれば ぶ れ ないー その
26
※( )はD.S.後
(allargando)
to
E
こころはわたしをつよくする かが やくためにいまを い き る ゆめ
こころはわたしをつよくする かが やくためにいまを い き る ゆめ

30
1.
2.
をもとめいまをいきる
いきるい
D.S.
Coda
F
a tempo
やくためにいまを
mf
f
34
ff
G
いきるゆめをもとめいまをいきる
38
ritardando
8va

合唱と吹奏楽

～合唱と小編成吹奏楽のための～ 今を生きる

作詞：神 詩音　作曲：八木澤教司

君の瞳《ひとみ》は輝《かがや》いてる
何かを見つめて輝いてる
強い心
おおきな夢
折れない心
わたしも輝きたい
君は私のあこがれ

いま輝くチャンス
いま夢をもとめ
人は軸《じく》があればぶれない
その心は私を強くする

輝くために今を生きる
夢をもとめ今を生きる

君の瞳は輝いてる
まぶしいくらいに輝いてる
強い気持ち
輝く瞳
負けない心
わたしも輝きたい
君は私の希望

いま輝くチャンス
いま夢をもとめ
人は軸があればぶれない
その心は私を強くする

輝くために今を生きる
夢をもとめ今を生きる

5
mp
unis.
き み
き み
mp
き み
き み
mf
mp
mf
10
A
の ひと みは か が や い てるー な に か を みつ めて か が や い てるー
の ひと みは か が や い てるー ま ぶ し い くら いに か が や い てるー
mf
の ひと みは か が や い てるー な に か を みつ めて か が や い てるー
の ひと みは か が や い てるー ま ぶ し い くら いに か が や い てるー
A
mp
mf
14
mf
B
mp
つ よ い こ こ ろ お れ な い こ こ ろ わ た し も かがやきた い き
つ よ い き も ち ま け な い こ こ ろ わ た し も かがやきた い き
mf
mp
おーお き な ゆめー わ た し も かがやきた い き
かがや く ひ とみー わ た し も かがやきた い き
B
mp

mf
f
C
い ま かがやく チャンスー い
18
み は ーわたしの あ こ がれー
み は ーわたしの き ぼ ーうー
い ま かがやく チャンスー チャンスー
mf
f
み は ーわたしの あ こ がれー ー
み は ーわたしの き ぼ ーうー ー
い ま かがやく チャンスー チャンスー
C
mf
f
ま ゆ めをー も とめー
22
mf
D
い ま ゆ めをー も とめー ー ひ と は じ く が あ れ ば ぶ れ ないー そ の
mf
い ま ゆ め を も と め ひ と は じ く が あ れ ば ぶ れ ないー そ の
D
mf
※( )はD.S.後
(allargando)
to
f
E
(−) (−)
26
こ こ ろ は わ た し を つ よ く す る か が や く た め に い ま を い き る ゆ め
f
(−) (−)
こ こ ろ は わ た し を つ よ く す る か が や く た め に い ま を い き る ゆ め
※( )はD.S.後
to
(allargando)
E
f

30
1.
2.
を も と め い ま を い き る い き る い
を も と め い ま を い き る い き る い
D.S.
mf
D.S.
Coda
F a tempo
や く た め に い ま を
や く た め に い ま を
Coda
F a tempo
f
34
ff
G
い き る ゆ め を も と め い ま を い き る
ff
い き る ゆ め を も と め い ま を い き る
G
ff
38
ritardando
mf
f
ritardando
mf
8va

合唱と吹奏楽

～合唱と小編成吹奏楽のための～ 今を生きる

作詞：神 詩音　作曲：八木澤教司

君の瞳《ひとみ》は輝《かがや》いてる
何かを見つめて輝いてる
強い心
おおきな夢
折れない心
わたしも輝きたい
君は私のあこがれ

いま輝くチャンス
いま夢をもとめ
人は軸《じく》があればぶれない
その心は私を強くする

輝くために今を生きる
夢をもとめ今を生きる

君の瞳は輝いてる
まぶしいくらいに輝いてる
強い気持ち
輝く瞳
負けない心
わたしも輝きたい
君は私の希望

いま輝くチャンス
いま夢をもとめ
人は軸があればぶれない
その心は私を強くする

輝くために今を生きる
夢をもとめ今を生きる

5
mp
unis.
き み
き み
mp
き み
き み
mf
mp
mf
10
A
mf
の ひと みは か が や い てるー な に か を みつ めて か が や い てるー
の ひと みは か が や い てるー ま ぶ し い くら いに か が や い てるー
mf
の ひと みは か が や い てるー な に か を みつ めて か が や い てるー
の ひと みは か が や い てるー ま ぶ し い くら いに か が や い てるー
A
mp
mf
14
mf
B
mp
つ よ い こ こ ろ お れ な い こ こ ろ わ た し も かがやきた い き
つ よ い きもち ま け な い こ こ ろ わ た し も かがやきた い き
mf
mp
おーお き な ゆめー わ た し も かがやきた い き
かがや く ひ とみー わ た し も かがやきた い き
B
mp

18
mf
f
C
い　ま　かがやく　チャンスー　い
みはーわたしの　あ　こがれー
みはーわたしの　き　ぼーうー
い　ま　かがやく　チャンスー　チャンスー
mf
f
みはーわたしの　あ　こがれー　ー
みはーわたしの　き　ぼーうー　ー
い　ま　かがやく　チャンスー　チャンスー
C
mf
f
22
ま　ゆめをー　もとめー
mf
D
いま　ゆめをー　もとめー　ー　ひと　はじくがあればぶれないー　その
mf
いまゆめをも　とめ　ひと　はじくがあればぶれないー　その
D
mf
※(　)はD.S.後
(allargando)
to Φ
E
f
26
(−)(−)
こころはわたしをつよくする　かが　やくためにいまをいきるゆめ
f
(−)(−)
こころはわたしをつよくする　かが　やくためにいまをいきるゆめ
※(　)はD.S.後
(allargando)
to Φ
E
f

Coda
F a tempo
1.
2.
を も と め い ま を い き る い き る い
D.S.
や く た め に い ま を
G
い き る ゆ め を も と め い ま を い き る
ritardando
8va

合唱と吹奏楽

～合唱と小編成吹奏楽のための～ 今を生きる

作詞：神 詩音　作曲：八木澤教司

君の瞳《ひとみ》は輝《かがや》いてる
何かを見つめて輝いてる
強い心
おおきな夢
折れない心
わたしも輝きたい
君は私のあこがれ

いま輝くチャンス
いま夢をもとめ
人は軸《じく》があればぶれない
その心は私を強くする

輝くために今を生きる
夢をもとめ今を生きる

君の瞳は輝いてる
まぶしいくらいに輝いてる
強い気持ち
輝く瞳
負けない心
わたしも輝きたい
君は私の希望

いま輝くチャンス
いま夢をもとめ
人は軸があればぶれない
その心は私を強くする

輝くために今を生きる
夢をもとめ今を生きる

5
mp
unis.
きみ
きみ
mp
きみ
きみ
mf
mp
mf
10
A
のひとみはかがやいてるーなにかをみつめてかがやいてるー
のひとみはかがやいてるーまぶしいくらいにかがやいてるー
mf
のひとみはかがやいてるーなにかをみつめてかがやいてるー
のひとみはかがやいてるーまぶしいくらいにかがやいてるー
A
mp
mf
14
mf
B
mp
つよいこころおれないこころわたしもかがやきたいき
つよいきもちまけないこころわたしもかがやきたいき
mf
mp
おーおきなゆめーわたしもかがやきたいき
かがやくひとみーわたしもかがやきたいき
B
mp

18
い　ま　かがやく　チャンスー　い
C
みはーわたしの　あ　こがれー
みはーわたしの　き　ぼーうー
い　ま　かがやく　チャンスー　チャンスー
みはーわたしの　あ　こがれー　ー
みはーわたしの　き　ぼーうー　ー
い　ま　かがやく　チャンスー　チャンスー
C
22
ま　ゆめをー　もとめー
D
いま　ゆめをー　もとめー　ー　ひと　は　じくがあれば　ぶ　れないー　その
いまゆ　めを　も　とめ　ひと　は　じくがあれば　ぶ　れないー　その
D
※(　)はD.S.後
(allargando)
to Φ
E
26
(−)(−)
こころはわたしを　つよくする　かが　やくためにいまを　い　き　る　ゆめ
こころはわたしを　つよくする　かが　やくためにいまを　い　き　る　ゆめ
※(　)はD.S.後
(allargando)
to Φ
E

30
1.
2.
Coda
F a tempo
をもとめいまをいきる
いきるい
やくためにいまを
D.S.
mf
f
34
ff
G
いきるゆめをもとめいまをいきる
38
ritardando
mf
8va

合唱と吹奏楽

～合唱と小編成吹奏楽のための～ 今を生きる

作詞：神 詩音　作曲：八木澤教司

君の瞳《ひとみ》は輝《かがや》いてる
何かを見つめて輝いてる
強い心
おおきな夢
折れない心
わたしも輝きたい
君は私のあこがれ

いま輝くチャンス
いま夢をもとめ
人は軸《じく》があればぶれない
その心は私を強くする
輝くために今を生きる
夢をもとめ今を生きる

君の瞳は輝いてる
まぶしいくらいに輝いてる
強い気持ち
輝く瞳
負けない心
わたしも輝きたい
君は私の希望

いま輝くチャンス
いま夢をもとめ
人は軸があればぶれない
その心は私を強くする
輝くために今を生きる
夢をもとめ今を生きる

5
mp
unis.
きみ
きみ
mp
きみ
きみ
mf
mp
mf
mf
10
A
mf
のひとみはかがやいてるー なにかをみつめて かがやいてるー
のひとみはかがやいてるー まぶしいくらいに かがやいてるー
mf
のひとみはかがやいてるー なにかをみつめて かがやいてるー
のひとみはかがやいてるー まぶしいくらいに かがやいてるー
A
mp
mf
14
mf
B
mp
つよい こころ おれない こころ わたしも かがやきたい き
つよい きもち まけない こころ わたしも かがやきたい き
mf
mp
おーおきな ゆめー わたしも かがやきたい き
かがやく ひとみー わたしも かがやきたい き
B
mp

18
C
mf f
い ま か が や く チャンスー い
み は ーわたしの あ こ がれー
み は ーわたしの き ぼ ーうー
い ま か が や く チャンスー チャンスー
み は ーわたしの あ こ がれー ー
み は ーわたしの き ぼ ーうー ー
22
D
ま ゆ めをー も とめー
いま ゆ めをー も とめー ー ひ と は じ く が あ れ ば ぶ れ ないー そ の
いま ゆ め を も と め ひ と は じ く が あ れ ば ぶ れ ないー そ の
26
※( )はD.S.後
(allargando)
to Φ
E
(−) (−)
こ こ ろ は わ た し を つ よ く す る か が や く た め に い ま を い き る ゆ め

30
1.
2.
をもとめいまをいきる
いきるい
をもとめいまをいきる
いきるい
D.S.
Coda
F a tempo
やくためにいまを
やくためにいまを
Coda
F a tempo
mf
f
D.S.
34
ff
G
いきるゆめをもとめいまをいきる
いきるゆめをもとめいまをいきる
ff
G
ff
38
ritardando
ritardando
mf
f
mf
8va